Anna Akhmatova

Evening

Copyright © Kneller, Boston, 2013

All rights reserved

For Lena and Sasha

Also by Andrey Kneller:

Wondrous Moment: Selected Poetry of Alexander Pushkin

Rosary: Poetry of Anna Akhmatova

White Flock: Poetry of Anna Akhmatova

Final Meeting: Selected Poetry of Anna Akhmatova

My Poems: Selected Poetry of Marina Tsvetaeva

Backbone Flute: Selected Poetry of Vladimir Mayakovsky

February: Selected Poetry of Boris Pasternak

Unfinished Flight: Selected Poetry of Vladimir Vysotsky

O, Time…: Selected Poetry of Victoria Roshe

Discernible Sound: Selected Poetry

The Stranger: Selected Poetry of Alexander Blok

Table of Contents

Preface to the collection "Evening" by M. Kuzmin

I

Love 3
In Tsarskoe Selo
    I – "Down the alley the horses are led ..." 5
    II – "...And there, my double made of marble ..." 7
    III – "A swarthy youth once wandered here ..." 9
"The boy there, on the bagpipes playing ..." 11
"Love conquers, deceitful and slow ..." 13
"Hands wrought under the dark veil ..." 15
"In the heart, the memory of the sun fades ..." 17
"High in the sky, the cloud grew grayer ..." 19
"The door ajar ..." 21
"...You want to know how this came to be? ..." 23
Song of the final meeting 25
"As with a straw, you drink my soul from me ..." 27
"Strange boy, I've gone mad at last ..." 29
"My legs are useless at the present ..." 31

II

Deception
    I - "This morning's drunk with sunny weather ..." 35

    II - "The wind is stifling and parching …" 37

    III - "Dark blue evening. Winds abate …." 39

    IV - "I wrote the words that lately …" 41

"When you're drunk, you're so much fun …" 43

"My husband beat me with the plating …" 45

"Nothing chains a heart to heart …" 47

"By the early sunrise seized …" 49

"A loafer, wandering around …" 51

"I didn't lock the door …" 53

"The threshing barn is stifling and hot …" 55

"Bury me, bury me, wind! …" 57

"Not the snake fangs, but the stinging …" 59

III

To the muse 63

Alisa

    I - "She longs for the forgotten moment …" 65

    II - "It's late! I'm tired, I'm yawning …" 67

Masquerade in the park 69

Evening room 71

Grey-eyed king 73

Fisherman 75

He loved… 77

"No letter came for me today …" 79

Inscription on an unfinished portrait 81

"The smell of dark blue grapes is sweet …" 83
Imitation of I. F. Annensky 85
"The park was filled with a light haze …" 87
"I live, like a cuckoo in a clock …" 89
Funeral 91
Garden 93
Over the water 95
"Three times she tortured me like this …" 97

Added to Later Editions

"To the beam of light I pray…" 101
Two poems 103
Reading Hamlet 105
"And cursing each other with brute …" 107
First Return 109
"I cried and I even repented …" 111
"At the new moon …" 113
"There's an owl sewn …" 115

Preface to the collection "Evening"

In Alexandria, there existed a society whose members, for a more acute and intensive enjoyment of life, considered themselves doomed to death. Their every day, every hour was premortem. Although this premotem pastime in the given society boiled down to continuous orgies, it seems to us that the very thought of premotrem sharpening of perception and sensitivity of the epidermis and feeling was more than justified. After all, poets especially have to possess a sharp memory of love and wide opened eyes to the whole dear, joyous and sorrowful world, to see their full share of it and drink its every minute for the final time. You yourself know that in the minutes of extreme dangers, when death is near, in one such second we remember so much more than can present itself even in the span of a long hour, when we are in the ordinary state of mind.

And these recollections come neither successive nor integral, but run against one another with a sharp and burning wave. From this wave, now glimmer the long forgotten eyes, now a cloud in the spring sky, now someone's blue dress, now a voice of a stranger passerby. These trivialities, these specific fragments of our life torment and worry us to a greater extent that we would expect, and, as if unrelated to the matter at hand, lead us accurately and correctly to those minutes, to those places, where we loved, cried, laughed and grieved – where we lived.

It is possible to love things, like collectors love them, or like those people attached to the sensory affection, or in the sense of sentimental souvenirs, but this is an altogether different feeling of connection, incomprehensible and inescapable, revealing itself to us now in sorrowful, now in rejoicing delight, that we reference above. It seems to us that unlike other lovers of things, Anna Akhmatova possesses an ability to understand and love things exactly in their incomprehensible connection to the experienced minutes. She often accurately and specifically mentions some object (a glove on the table, a cloud like a squirrel pelt in the sky, yellow light in the bedroom, a three-cornered hat in the park of Tsarskoe Selo), appearing to have no relationship to the whole poem, left behind and forgotten, but precisely this mention makes the prick more tangible, the poison we feel more sweet. Had this squirrel pelt been omitted, and the whole poem, perhaps, would not have such a fragile poignancy that it has.

We don't want to say that things mentioned by the author have such a special meaning every time: often they are no more than sentimental souvenirs or feelings transferred from a person onto things that belong to her. We say this not in reproach of the young poet, because it is already no small feat – to compel the reader to dream, and cry, and become angry together with you, even by the means of sentimental emotionality, - but especially value that first understanding of the sharp and incomprehensible meaning of things that we do not encounter very often. And it seems to us that Anna Akhmatova has that heightened perceptibility, to which aspired the doomed to death members of the society.

By this we do not wish to say that her ideas and mood always applied to death, but their intensity and sharpness is such. Let us conclude that she does not belong to the poets who are particularly merry, but to those who are always stinging.

It seems to us that she is alien to mannerism, which, if she has one, is somewhat homogenous with the mannerism of Laforgue, meaning a capricious child who is accustomed to always being heard and being admired. Among the very young poets, of course, there are others who strive for the delicate and, we would say, fragile poetry, but at the time, when some are searching for it in description of objects conventionally considered delicate: Sevres cups, fireplaces, harlequins, knights and madonnas (Ehrenburg), others in unusually refined analysis of deliberately-fanciful experiences (Mandelshtam), the third kind in ironic descriptions of intimate, somewhat demonstratively-everyday life (Marina Tsvetaeva), - it seems to us, that the poetry of Anna Akhmatova makes a sharp and fragile impression because its own perceptions are such, from herself the poet only adds a Lafoguesque, pleasant to our taste, mannerism.

Vyacheslav Ivanov once expressed the thought that original poets before anything else acquire their own manner, which subsequently they renounce for the sake of their "face," which in turn is brought as sacrifice to their style. From the fact that in the given situation the poet already has an established mannerism, it is easy to conclude that this poet is original and that a new female voice, different from other and audible, despite the apparent, as if desired by its possessor, weakness of tone, has joined the general chorus of Russian poets.

We are not writing a critique, and our role is a rather minor one: only to announce the name and somehow present the newly arrived. We can hint slightly at her origins, indicate certain signs and voice our conjectures, - which is what we are doing. And thus, ladies and gentlemen, she comes towards us, new and young, but having all the credentials necessary for becoming a real poet. And her name is – Anna Akhmatova.

1912
M. Kuzmin

I

Любовь

То змейкой, свернувшись клубком,
У самого сердца колдует,
То целые дни голубком
На белом окошке воркует,

То в инее ярком блеснёт,
Почудится в дреме левкоя...
Но верно и тайно ведёт
От радости и от покоя.

Умеет так сладко рыдать
В молитве тоскующей скрипки,
И страшно её угадать
В ещё незнакомой улыбке.

1911

Love

First as a serpent, it'll cast its spell
Next to your heart, curled up.
Then it'll come as a dove as well,
Cooing for days nonstop.

In the frost it'll show itself curtly
Or in the drowsing field of carnations...
To escort you covertly and firmly
Away from all rest and elation.

In the prayer of a violin yearning,
So sweetly it'll sob for a while,
And how frightening it is to discern it
In a yet unfamiliar smile.

1911

В Царском Селе

I

По аллее проводят лошадок
Длинны волны расчесанных грив.
О, пленительный город загадок,
Я печальна, тебя полюбив.

Странно вспомнить: душа тосковала,
Задыхалась в предсмертном бреду,
А теперь я игрушечной стала,
Как мой розовый друг какаду.

Грудь предчувствием боли не сжата,
Если хочешь, в глаза погляди.
Не люблю только час пред закатом,
Ветер с моря и слово «уйди».

22 февраля 1911
Царское Село

In Tsarskoe Selo

I

Down the alley the horses are led,
Their long wavy manes - all combed out,
A place full of riddles, how I lament,
Having fallen in love with this town.

It's strange to recall: the soul pined for joy,
Only gasping for breath to pull through,
And now I've become a plaything, a toy,
Like my rose-colored friend cockatoo.

No hint of pain can now make me cower,
Look in my eyes and you'll see,
I dislike only the pre-sunset hour,
The word "leave" and wind from the sea.

February 22, 1911
Tsarskoe Selo

II

…А там мой мраморный двойник,
Поверженный под старым клёном,
Озёрным водам отдал лик,
Внимает шорохам зелёным.

И моют светлые дожди
Его запекшуюся рану…
Холодный, белый, подожди,
Я тоже мраморною стану.

1911

II

...And there, my double made of marble
Lies by the ancient maple tree,
His face onto the lake imparted,
He hears the rustling greenery.

Bright showers wash in a cascade
The clotted wound upon his torso...
O, cold one, white one, only wait
And I will turn to marble also.

1911

III

Смуглый отрок бродил по аллеям,
У озёрных грустил берегов,
И столетие мы лелеем
Еле слышный шелест шагов.

Иглы сосен густо и колко
Устилают низкие пни...
Здесь лежала его треуголка
И растрепанный том Парни.

24 февраля 1911
Царское Село

III

A swarthy youth once wandered here,
By the shores of the lake he sighed,
And for a century now we revere
A barely audible rustling stride.

Pine needles' dense and bristly mat
Covers the stumps of the trees…
Here lay his old three-cornered hat
And a worn, tattered book by Parny.

February 24, 1911
Tsarskoe Selo

***

И мальчик, что играет на волынке,
И девочка, что свой плетет венок,
И две в лесу скрестившихся тропинки,
И в дальнем поле дальний огонек,—

Я вижу все. Я все запоминаю,
Любовно-кротко в сердце берегу.
Лишь одного я никогда не знаю
И даже вспомнить больше не могу.

Я не прошу ни мудрости, ни силы.
О, только дайте греться у огня!
Мне холодно! Крылатый иль бескрылый,
Веселый бог не посетит меня.

30 ноября 1911
Царское Село

***

The boy there on the bagpipes playing,
The girl who weaves herself a wreath,
Two forest paths that cross while straying,
A distant fire in the fields beneath -

I see all. I remember it and stow
Deep in my heart, affectionately gentle.
There's one thing only that I never know
And cannot even tenuously remember.

I do not ask for wisdom or for might.
Only a bit of fire's warmth! I'm cold!
Winged or wingless, in the day or night,
The merry god won't visit me at all.

November 30, 1911
Tsarskoe Selo

***

Любовь покоряет обманно,
Напевом простым, неискусным.
Еще так недавно-странно
Ты не был седым и грустным.

И когда она улыбалась
В садах твоих, в доме, в поле
Повсюду тебе казалось,
Что вольный ты и на воле.

Был светел ты, взятый ею
И пивший ее отравы.
Ведь звезды были крупнее,
Ведь пахли иначе травы,
Осенние травы.

Осень 1911
Царское Село

***

Love conquers, deceitful and slow,
With a soft amateurish refrain.
So strange to think – not long ago
You weren't dejected and gray.

In the garden, at home, in the field,
Whenever she flashed her smile,
Wherever you were, you believed
You were free and out in the wild.

Once taken by her, you glowed
And you drank her poisons, content.
Because all the stars seemed to grow,
And fields had a different scent,
Autumn fields.

Autumn 1911
Tsarskoe Selo

***

Сжала руки под тёмной вуалью...
"Отчего ты сегодня бледна?"
- Оттого, что я терпкой печалью
Напоила его допьяна.

Как забуду? Он вышел, шатаясь,
Искривился мучительно рот...
Я сбежала, перил не касаясь,
Я бежала за ним до ворот.

Задыхаясь, я крикнула: "Шутка
Всё, что было. Уйдешь, я умру."
Улыбнулся спокойно и жутко
И сказал мне: "Не стой на ветру."

1911

***

Hands wrought under the dark veil...
"What is it that makes you so pale and faint?"
- I'm afraid that I made him drunk with the ale
Of bitter anguish and torturous pain.

Could I forget it? He stumbled out, wavering,
His tormented mouth was twisted and grim....
I ran down the stairs, not touching the railing,
At the end of the walkway, I caught up to him.

I yelled after him: "I was kidding and only.
If you leave me today, I will die."
He turned back and smiled, so unbearably calmly,
"Don't stand in the wind," he replied.

1911

***

Память о солнце в сердце слабеет.
Желтей трава.
Ветер снежинками ранними веет
Едва-едва.

В узких каналах уже не струится —
Стынет вода.
Здесь никогда ничего не случится,—
О, никогда!

Ива на небе пустом распластала
Веер сквозной.
Может быть, лучше, что я не стала
Вашей женой.

Память о солнце в сердце слабеет.
Что это? Тьма?
Может быть!.. За ночь прийти успеет
Зима.

30 января 1911

***

In the heart, the memory of the sun fades,
Yellower turns the grass.
The wind disperses the early flakes
Barely, with each pass.

In narrow channels, water won't flow –
Cooling, stands still.
Here, nothing will ever happen, I know, -
It never will!

The transparent fan of the willow unfolds
In the empty blue,
Perhaps it's best that I'm not, after all,
Married to you.

In the heart, the memory of the sun fades.
What, is everything glum?
Yes, perhaps!... As the night pervades,
Winter will come.

January 30, 1911

***

Высоко в небе облачко серело,
Как беличья расстеленная шкурка.
Он мне сказал: «Не жаль, что ваше тело
Растает в марте, хрупкая Снегурка!»

В пушистой муфте руки холодели.
Мне стало страшнно, стало как-то смутно.
О, как вернуть вас, быстрые недели
Его любви, воздушной и минутной!

Я не хочу ни горечи, ни мщенья,
Пускай умру с последней белой вьюгой.
О нем гадала я в канун Крещенья.
Я в январе была его подругой.

Весна 1911
Царское Село

***

High in the sky, the cloud grew grayer
Like a stretched out squirrel pelt.
"I don't care," he said, "Snow Maiden,
That in March your frame will melt."

My hands grew cold in the downy muff.
I felt scared, confused and wary.
How can I bring back his love -
Those weeks, so transient and airy!

I want no vengeance or bitter grief,
Let me die with the blizzard's last blitz.
I cast fortunes about him on Epiphany Eve.
In January, I was still his.

Spring 1911
Tsarskoe Selo

***

Дверь полуоткрыта,
Веют липы сладко…
На столе забыты
Хлыстик и перчатка.

Круг от лампы жетлый…
Шорохам внимаю.
Отчего ушел ты?
Я не понимаю…

Радостно и ясно
Завтра будет утро.
Эта жизнь прекрасна,
Сердце, будь же мудро.

Ты совсем устало,
Бьешься тише, глуше…
Знаешь, я читала,
Что бессмертны души.

17 февраля 1911
Царское Село

***

The door ajar, the sudden
Sweet scents of limes close up…
The glove and whip, forgotten,
Lie on the tabletop.

The oval of the lamp aglow…
I'm listening, intent.
Why did you have to go?
I do not understand…

Tomorrow morning surely will
Be jubilant and nice
And life is simply gorgeous still,
My heart, you must be wise.

Exhausted and worn out bare,
You beat so faintly, gasping…
You know, I've read somewhere
That souls are everlasting.

February 17, 1911
Tsarskoe Selo

***

...Хочешь знать, как всё это было? —
Три в столовой пробило,
И, прощаясь, держась за перила,
Она словно с трудом говорила:
«Это всё... Ах нет, я забыла,
Я люблю вас, я вас любила
Ещё тогда!» —
«Да»?!...

21 октября 1910

***

…You want to know how this came to be? -
In the dining room, the clock struck three,
Holding the banister timidly,
While saying goodbye, she said listlessly:
"That is it… No, there is more, you see.
I love you. I loved you wholeheartedly
Even back then, no less!" –
"Yes"?!...

October 21, 1910

Песня последней встречи

Так беспомощно грудь холодела,
Но шаги мои были легки.
Я на правую руку надела
Перчатку с левой руки.

Показалось, что много ступеней,
А я знала - их только три!
Между кленов шепот осенний
Попросил: "Со мною умри!

Я обманут моей унылой
Переменчивой, злой судьбой".
Я ответила: "Милый, милый -
И я тоже. Умру с тобой!"

Это песня последней встречи.
Я взглянула на темный дом.
Только в спальне горели свечи
Равнодушно-желтым огнем.

1911

Song of the final meeting

How helplessly chilled was my chest, yet
My footsteps were nimble and light.
I unconsciously put on my left hand
The glove that belonged on my right.

It seemed that the stairs were endless,
But I knew - there were only three!
Autumn, whispering through the maples,
Pleaded: "Die here with me!

I was blindly deceived by my dreary,
Dismal, changeable Fate." "And I too,"
I responded, "My darling, my dear one,
And I'll also die here with you."

This is the song of the final meeting.
I looked up at your house, all dark inside.
Just the bedroom candles burned with a fleeting,
Indifferent and yellowish light.

1911

***

Как соломинкой, пьёшь мою душу.
Знаю, вкус её горек и хмелен.
Но я пытку мольбой не нарушу.
О, покой мой многонеделен.

Когда кончишь, скажи. Не печально,
Что души моей нет на свете.
Я пойду дорогой недальней
Посмотреть, как играют дети.

На кустах зацветает крыжовник,
И везут кирпичи за оградой.
Кто ты: брат мой или любовник,
Я не помню, и помнить не надо.

Как светло здесь и как бесприютно,
Отдыхает усталое тело…
А прохожие думают смутно:
Верно, только вчера овдовела.

10 февраля 1911
Царское Село

***

As with a straw, you drink the soul from me.
I know, its taste is bitter, strong and heady.
I won't disturb this torment with a plea.
I've been at peace for many weeks already.

Say when you're done. It isn't sad at all,
At last my soul has vanished from this earth.
I'll take the short path for a quiet stroll
To see the children occupied in mirth.

The gooseberry is blossoming all over,
Behind the fence, they're hauling bricks in tow.
Who can you be: my brother or my lover,
I can't recall and do not need to know.

I feel unsheltered and it's bright already,
My body's resting, nearly worn away…
The passersby are contemplating vaguely:
She must have turned a widow yesterday.

February 10, 1911
Tsarskoe Selo

***

Я сошла с ума, о мальчик странный,
В среду, в три часа!
Уколола палец безымянный
Мне звенящая оса.

Я её нечаянно прижала,
И, казалось, умерла она,
Но конец отравленного жала,
Был острей веретена.

О тебе ли я заплачу, странном,
Улыбнется ль мне твоё лицо?
Посмотри! На пальце безымянном
Так красиво гладкое кольцо.

18—19 марта 1911
Царское Село

***

Strange boy, I've gone mad at last,
Wednesday, around three!
On my ring finger, a wasp
Stung me angrily.

I accidentally squeezed my grip,
And it died, I think,
But sharper than a spindle's tip
Was its poisoned sting.

Strange one, is it you I'll mourn,
And will your smile linger?
Look! How beautifully adorned
Is this ring upon my finger!

March 18-19, 1911
Tsarkoe Selo

***

Мне больше ног моих не надо,
Пусть превратятся в рыбий хвост!
Плыву, и радостна прохлада,
Белеет тускло дальний мост.

Не надо мне души покорной,
Пусть станет дымом, лёгок дым,
Взлетев над набережной чёрной,
Он будет нежно-голубым.

Смотри, как глубоко ныряю,
Держусь за водоросль рукой,
Ничьих я слов не повторяю
И не пленюсь ничьей тоской…

А ты, мой дальний, неужели
Стал бледен и печально-нем?
Что слышу? Целых три недели
Ты шепчешь: «Бедная, зачем?!»

18—19 марта 1911
Царское Село

***

My legs are useless at the present,
May they become a fish's tail!
I'm swimming and the chill is pleasant,
The distant bridge is glowing pale.

I'll give my passive soul away,
Let it be turned to smoke anew
And light, above the gloomy quay,
It'll change into a tender-blue.

Just look how deeply I've retreated,
I'm diving - seaweed everywhere,
Nobody's words will be repeated,
Nobody's yearning will ensnare.

My distant, could it be, somehow,
Grief-stricken, you've become unsteady?
What do I hear? For three weeks now,
You only whisper: "why, poor lady!?"

March 18-19, 1911
Tsarskoe Selo

II

Обман

I

Весенним солнцем это утро пьяно,
И на террасе запах роз слышней,
А небо ярче синего фаянса.
Тетрадь в обложке мягкого сафьяна;
Читаю в ней элегии и стансы,
Написанные бубушке моей.

Дорогу вижу до ворот, и тумбы
Белеют четко в изумрудном дерне.
О, сердце любит сладостно и слепо!
И радуют пестреющие клумбы,
И резкий крик вороны в небе черной,
И в глубине аллеи арка склепа.

2 ноября 1910
Киев

Deception

I

This morning's drunk with sunny weather,
And on the terrace, - loud scents of roses,
The sky is brighter than the blue faience.
The notebook's bound in the soft Morocco leather;
I'm reading in it elegies and verses
All written for my grandma in romance.

I see the road up to the gate and up ahead,
White pillars shining in the emerald lawn.
The heart loves blindly, completely gripped!
I find delight in gaudy flowerbeds,
The sudden cries of the ascending crow
And the secluded arches of the crypt.

November 2, 1910
Kiev

II

Жарко веет ветер душный,
Солнце руки обожгло,
Надо мною свод воздушный,
Словно синее стекло;

Сухо пахнут иммортели
В разметавшейся косе.
На стволе корявой ели
Муравьиное шоссе.

Пруд лениво серебрится,
Жизнь по-новому легка...
Кто сегодня мне приснится
В пестрой сетке гамака?

Январь 1910, Киев

II

The wind is stifling and parching,
Sun-burnt fingers in the grass,
Overhead, the heaven's arches
Are made of blue and fragile glass;

The fallen immortelles are drying,
Near the sickle swinging loose.
Working ants have formed a highway
Running up the twisting spruce.

The silver pond is idly gleaming,
Life is easy – no regret…
O, I wonder whom I'll dream of
In my hammock's motley net?

January 1910, Kiev

III

Синий вечер. Ветры кротко стихли,
Яркий свет зовёт меня домой.
Я гадаю. Кто там? — не жених ли,
Не жених ли это мой?..

На террасе силуэт знакомый,
Еле слышен тихий разговор.
О, такой пленительной истомы
Я не знала до сих пор.

Тополя тревожно прошуршали,
Нежные их посетили сны,
Небо цвета воронёной стали,
Звезды матово-бледны.

Я несу букет левкоев белых.
Для того в них тайный скрыт огонь,
Кто, беря цветы из рук несмелых,
Тронет теплую ладонь.

Сентябрь 1910
Царское Село

III

Dark blue evening. Winds abate,
Lured by the light, I make my way.
I am guessing by the gate –
Who is he? – My fiancé?...

On the porch, a silhouette
And a quiet conversation.
Never have I ever felt
Such a languorous sensation.

Anxious poplars stir and sigh,
As their tender dreams prevail,
Burnished steel infused the sky
And the stars are dull and pale.

In the bunch of gillyflowers,
There's a secret flame embalmed
For the one who'll take the blossoms
And caress my timid palm.

September 1910
Tsarskoe Selo

***

Я написала слова,
Что долго сказать не смела.
Тупо болит голова,
Странно немеет тело.

Смолк отдалённый рожок,
В сердце всё те же загадки,
Лёгкий осенний снежок
Лёг на крокетной площадке.

Листьям последним шуршать!
Мыслям последним томиться!
Я не хотела мешать
Тому, кто привык веселиться.

Милым простила губам
Я их жестокую шутку…
О, вы приедете к нам
Завтра по первопутку.

Свечи в гостинной зажгут,
Днём их мерцанье нежнее,
Целый букет принесут
Роз из оранжереи.

Август 1910
Царское Село

***

I wrote the words that lately
I wouldn't dare to speak.
My head is dully aching,
My body's numb and weak.

The distant horn's subsided,
Heart's mysteries – unknown.
First autumn snow fell lightly
Upon the croquet lawn.

Last aching thoughts will linger!
Last leaves will come undone!
I never wished to hinder
The one who's used to fun.

Dear lips - absolved at last
For jokes that hurt me so…
You'll come to visit us
Tomorrow, through the snow.

The candles, in the day,
Burn tenderly, more ardent.
They'll bring a whole bouquet
Of roses from the garden.

August 1910
Tsarskoe Selo

***

Мне с тобою пьяным весело —
Смысла нет в твоих рассказах.
Осень ранняя развесила
Флаги жёлтые на вязах.

Оба мы в страну обманную
Забрели и горько каемся,
Но зачем улыбкой странною
И застывшей улыбаемся?

Мы хотели муки жалящей
Вместо счастья безмятежного…
Не покину я товарища
И беспутного и нежного.

1911
Париж

***

When you're drunk, you're so much fun -
Your rambling tales make no sense.
The early fall arrived and hung
Bright yellow flags upon the elms.

In the land of fraud and guile,
We have strayed and now repent,
But what are these fictitious smiles
On our lips, so strangely bent?

Not happiness or peace of mind,
A biting torment - we pursued…
I will not leave my friend behind, -
So tender and so dissolute.

1911
Paris

***

Муж хлестал меня узорчатым,
Вдвое сложенным ремнём.
Для тебя в окошке створчатом
Я всю ночь сижу с огнём.

Рассветает. И над кузницей
Подымается дымок.
Ах, со мной, печальной узницей,
Ты опять побыть не мог.

Для тебя я долю хмурую,
Долю-муку приняла.
Или любишь белокурую,
Или рыжая мила?

Как мне скрыть вас, стоны звонкие!
В сердце темный, душный хмель,
А лучи ложатся тонкие
На несмятую постель.

Осень 1911

***

My husband beat me with the plating
Of a belt he bent in two.
With a candle, I keep waiting
On the windowsill for you.

It is dawning. Smoke is weaving,
Rising up above the forge.
O, for me, a captive grieving,
You, again, did not emerge.

It's for you such fate I bear,
Filled with torment and ordeal,
Did you fall for someone fair?
Does a redhead now appeal?

How to mask such ringing moaning!
Heart is stifled, drunk with dread,
As the thin rays of the morning
Graze the still unrumpled bed.

Autumn 1911

***

Сердце к сердцу не приковано,
Если хочешь — уходи.
Много счастья уготовано
Тем, кто волен на пути.

Я не плачу, я не жалуюсь,
Мне счастливой не бывать.
Не целуй меня, усталую, —
Смерть придёт поцеловать.

Дни томлений острых прожиты
Вместе с белою зимой.
Отчего же, отчего же ты
Лучше, чем избранник мой?

Весна 1911

***

Nothing chains a heart to heart,
If you'd like to leave.
Many joys will life impart
On the one who's free.

I don't cry, complain or pout,
Mine is not a life of bliss.
Do not kiss me, all worn out, -
Death will come to kiss.

Bitter languor has been weathered
With the winter snows.
Why, o why, must you be better
Than the one I chose?

Autumn 1911

***

Я на солнечном восходе
Про любовь пою,
На коленях в огороде
Лебеду полю.

Вырываю и бросаю —
Пусть простит меня.
Вижу, девочка босая
Плачет у плетня.

Страшно мне от звонких воплей
Голоса беды,
Всё сильнее запах тёплый
Мёртвой лебеды.

Будет камень вместо хлеба
Мне наградой злой.
Надо мною только небо,
А со мною голос твой.

11 марта 1911

***

By the early sunrise seized,
I sing of love aloud,
In the garden, on my knees,
Weeding goosefoot out.

I tear it out and I hurl –
Pardon this offense.
I see a little barefoot girl
Crying by the fence.

Voice of sorrow rings and swells,
Filling me with dread,
Stronger grows the tepid smell
Of the weed now dead.

Stone, not bread, will be my prize
To accept with poise,
Up above me, just the skies,
And with me, your voice.

March 11, 1911

***

Я пришла сюда, бездельница,
Все равно мне, где скучать!
На пригорке дремлет мельница.
Годы можно здесь молчать.

Над засохшей повиликою
Мягко плавает пчела;
У пруда русалку кликаю,
А русалка умерла.

Затянулся ржавой тиною
Пруд широкий, обмелел,
Над трепещущей осиною
Легкий месяц заблестел.

Замечаю все как новое.
Влажно пахнут тополя.
Я молчу. Молчу, готовая
Снова стать тобой, земля.

23 февраля 1911,
Царское Село

***

A loafer, wandering around, -
No matter where, I'm pining bored.
The mill is drowsing on the mound.
Here years can pass without a word.

Above the dodder, all dried up,
A bee glides gently in the breeze,
I call the mermaid by the pond,
But the mermaid's long deceased.

The pond is shallow now, enclosed
And covered up with rusty slime,
Over the shaking aspen boughs
The crescent moon begins to shine.

Damp scent of poplar-trees is spreading.
I notice everything anew.
I'm silent. Silently, I'm ready
To be transformed, earth, into you.

February 23, 1911
Tsarskoe Selo

***

Ах, дверь не запирала я,
Не зажигала свеч,
Не знаешь, как, усталая,
Я не решалась лечь.

Смотреть, как гаснут полосы
В закатном мраке хвой,
Пьянея звуком голоса,
Похожего на твой.

И знать, что все потеряно,
Что жизнь - проклятый ад!
О, я была уверена,
Что ты придешь назад.

1911

***

I didn't lock the door
And candles weren't lit,
Exhausted, sleepy, sore, -
I wouldn't sleep a bit.

I'd watch lights dying down,
And gloomy evening firs,
And get drunk on the sounds -
A voice, so much like yours.

My loss - a heavy burden
And life is agony!
I used to be so certain
That you'd return to me.

1911

***

Под навесом тёмной риги жарко,
Я смеюсь, а в сердце злобно плачу.
Старый друг бормочет мне: «Не каркай!
Мы ль не встретим на пути удачу!»

Но я другу старому не верю.
Он смешной, незрячий и убогий,
Он всю жизнь свою шагами мерил
Длинные и скучные дороги.

И звенит, звенит мой голос ломкий,
Звонкий голос не узнавших счастья:
«Ах, пусты дорожные котомки,
А на завтра голод и ненастье!»

24 сентября 1911
Царское Село

***

The threshing barn is stifling and hot,
I laugh, but in my heart, I weep from spite.
My old friend mumbles: "Jinx it not,
Do you not see that luck is on our side!"

I listen to my old friend's words with doubt.
He's lost his sight, he's ludicrous and vile.
He spent his whole life trampling the ground
Of long and dreary trails in denial.

My fragile voice is crying out with sorrow,
The ringing voice of those who knew no better:
"Our knapsacks are all emptied and tomorrow
Just promises more hunger and foul weather!"

September 24, 1911
Tsarskoe Selo

***

Хорони, хорони меня, ветер!
Родные мои не пришли,
Надо мною блуждающий вечер
И дыханье тихой земли.

Я была, как и ты, свободной,
Но я слишком хотела жить.
Видишь, ветер, мой труп холодный,
И некому руки сложить.

Закрой эту черную рану
Покровом вечерней тьмы
И вели голубому туману
Надо мною читать псалмы.

Чтобы мне легко, одинокой,
Отойти к последнему сну,
Прошуми высокой осокой
Про весну, про мою весну.

Декабрь 1909
Киев

***

Bury me, bury me, wind!
None of my kin had arrived,
The evening above me dimmed
And the earth indistinctly sighed.

Like you, I was free and of course,
I couldn't resist life's charms
And now, wind, you see my corpse,
With no one to fold my arms.

Let this black wound recede
As the shroud of darkness spreads,
And command azure mist to read
Psalms up above my head.

To ease me, alone, on the brink
Of sleep for the final time,
Make the sedges rustle of spring,
Of the spring that used to be mine.

December 1909
Kiev

***

Ты поверь, не змеиное острое жало
А тоска мою выпила кровь.
В белом поле я тихою девушкой стала,
Птичьим голосом кличу любовь.

И давно мне закрыта дорога иная,
Мой царевич в высоком кремле,
Обману ли его, обману ли? — Не знаю!
Только ложью живу на земле.

Не забыть, как пришел он со мною проститься
Я не плакала; это судьба.
Ворожу, чтоб царевичу ночью присниться,
Но бессильна моя ворожба.

Оттого ль его сон безмятежен и мирен,
Что я здесь у закрытых ворот,
Иль уже светлоокая, нежная Сирин
Над царевичем песню поет?

Декабрь 1909
Киев

***

Not the snake fangs, but the stinging
Heartache emptied out my veins.
A quiet girl, I call love, singing
Birdlike in the whitened plains.

The other road closed long ago,
My prince - in a fortress, up high,
Will I betray him? – I don't know!
But my life on this earth is a lie.

I won't forget how he bid me farewell,
I didn't cry; I knew it was fate.
To visit his dreams, I'm casting new spells
But my spells are in vain, I'm afraid.

Does he sleep so serenely, locked in,
All because I'm barred and locked out
Or is the bright-eyed tender Sirin
Already singing to him from a cloud?

December 1909
Kiev

III

Музе

Муза-сестра заглянула в лицо,
Взгляд ее ясен и ярок.
И отняла золотое кольцо,
Первый весенний подарок.

Муза! ты видишь, как счастливы все —
Девушки, женщины, вдовы...
Лучше погибну на колесе,
Только не эти оковы.

Знаю: гадая, и мне обрывать
Нежный цветок маргаритку.
Должен на этой земле испытать
Каждый любовную пытку.

Жгу до зари на окошке свечу
И ни о ком не тоскую,
Но не хочу, не хочу, не хочу
Знать, как целуют другую.

Завтра мне скажут, смеясь, зеркала:
«Взор твой не ясен, не ярок...»
Тихо отвечу: «Она отняла
Божий подарок».

10 октября 1911
Царское Село

To the muse

Muse-sister gazed at me pensively,
Her clear bright eyes didn't blink,
And snatched the gold ring from me,
The very first gift of spring.

Muse! you see, how happy they feel–
Young ladies, widows and wives…
I would much rather die on the wheel
Than to be in these fetters for life.

I know: while guessing, even I will tear
Those delicate daisy petals.
All on this earth are destined to bear
The torments of love unsettled.

Until sunrise, my candle remains aglow
And there isn't a person I miss,
But I don't, don't, don't want to know
How another woman is kissed.

Tomorrow, laughing, the mirrors will say:
"Your gaze isn't clear or bright…"
And I'll reply quietly: "She took away
A gift from God that night."

October 10, 1911
Tsarskoe Selo

***

Все тоскует о забытом
О своем весеннем сне,
Как Пьеретта о разбитом
Золотистом кувшине…

Все осколочки собрала,
Не умела их сложить…
«Если б ты, Алиса, знала,
Как мне скучно, скучно жить!

Я за ужином зеваю,
Забываю есть и пить,
Ты поверишь, забываю
Даже брови подводить.

О Алиса! Дай мне средство,
Чтоб вернуть его опять;
Хочешь, все мое наследство,
Дом и платья можешь взять.

Он приснился мне в короне,
Я боюсь моих ночей!»
У Алисы в медальоне
Темный локон — знаешь, чей?!

22 января 1911
Киев

***

She longs for the forgotten moment
Of the springtime dream so sweet,
Like Perrette pines for the golden
Pitcher shattered at her feet...

She's collected all the pieces,
But could not assemble them...
"If you only knew, Alisa,
Just how bored of life I am!

I won't eat or drink, instead
I yawn through dinner in a drowse,
You'll believe me, I forget
To pencil in neglected brows.

Oh Alisa! It's such torture,
Bring him back, just him alone;
If you want to, take my fortune,
Take my gowns and my home.

In my dream he wore a crown,
I am dreading nights like this!"
Alisa's locket holds a brown
Lock of hair – guess, whose it is?!

January 22, 1911
Kiev

***

«Как поздно! Устала, зеваю…»
«Миньона, спокойно лежи,
Я рыжий парик завиваю,
Для стройной моей госпожи.

Он будет весь в лентах зеленых,
А сбоку жемчужный аграф;
Читала записку: „У клена
Я жду вас, таинственный граф!"

Сумеет под кружевом маски
Лукавая смех заглушить,
Велела мне даже подвязки
Сегодня она надушить».

Луч утра на черное платье
Скользнул, из окошка упав…
«Он мне открывает объятья
Под кленом, таинственный граф».

23 января 1911
Киев

***

"It's late! I'm tired, I'm yawning…"
"Mignon, lie down and rest,
For my slender mistress, I'm curling
This ginger wig by request.

Green ribbons with hang all around,
With a small pearl clasp on the side;
Her note read: 'My mysterious Count,
Let's meet by the maple tonight!'

She will let the lace of her mask
Hide her devious laughter away.
Not long ago, she even asked
To perfume her garters today."

A ray of the morning fell, grazing
The top of her long black gown…
"He opened his arms to embrace me
By the maple, mysterious Count."

January 23, 1911
Kiev

Маскарад в парке

Луна освещает карнизы,
Блуждает по гребням реки…
Холодные руки маркизы
Так ароматны-легки.

«О принц! — улыбаясь, присела, —
В кадрили вы наш vis-à-vis», —
И томно под маской бледнела
От жгучих предчувствий любви.

Вход скрыл серебрящий тополь
И низко спадающий хмель.
«Багдад или Константинополь
Я вам завоюю, ma belle!»

«Как вы улыбаетесь редко,
Вас страшно, маркиза, обнять!»
Темно и прохладно в беседке.
«Ну что же! пойдем танцевать?»

Выходят. На вязах, на кленах
Цветные дрожат фонари,
Две дамы в одеждах зеленых
С монахами держат пари.

И бледный, с букетом азалий,
Их смехом встречает Пьеро:
«Мой принц! О, не вы ли сломали
На шляпе маркизы перо?»

6 ноября 1910
Киев

Masquerade in the park

The moon illuminates the eaves
And skims the crests of waves at night...
The chilly hands of the marquise
Are fragrant, delicate and light.

"O Prince! – she curtsies and exhales, -
"In quadrille, you're the vis-à-vis," -
The mask conceals her turning pale
From burning love and ecstasy.

The entryway's obscured by sloping
Poplar trees and hops that fell.
"Baghdad and Constantinople,
I will win for you, ma belle."

"You are smiling so rarely
That I'm frightened in advance!"
The cold pavilion is shady.
"Well then! Maybe, let us dance?"

They walk off and lanterns flicker
On the elm and maple trunks.
Clad in emerald, ladies bicker,
Betting gaily with the monks.

With azaleas, Pierrot,
Smirks and starts a friendly chat:
"Prince! Are you the one who broke
The feather on marquise's hat?"

November 6, 1910
Kiev

Вечерняя комната

Я говорю сейчас словами теми,
Что только раз рождаются в душе,
Жужжит пчела на белой хризантеме,
Так душно пахнет старое саше.

И комната, где окна слишком узки,
Хранит любовь и помнит старину,
А над кроватью надпись по-французски
Гласит: « Seigneur, ayez pitie de nous »

Ты сказки давней горестных заметок,
Душа моя, не тронь и не ищи...
Смотрю, блестящих севрских статуэток
Померкли глянцевитые плащи.

Последний луч, и жёлтый и тяжёлый,
Застыл в букете ярких георгин,
И как во сне я слышу звук виолы
И редкие аккорды клавесин.

1911

Evening room

These words I speak now surface only once,
Born in my soul, they blossom and they swell.
A buzzing bee is settling on the mums,
The old sachet exudes a musty smell.

The room with narrow windows with precision
Recalls old times, preserves the love I knew.
Over the bed, there's a French inscription,
That reads: "Seigneur, ayez pitie de nous"

My soul, I beg, don't touch and don't evoke
The hints of sorrow of some bygone tale…
I've noticed how the lustrous gleaming cloaks
Of Sevres statuettes grow dim and pale.

The final ray, so golden and so heavy,
Dies down in the dahlia's bouquet,
As in a dream, I can make out already
A viol and a harpsichord duet.

1911

Сероглазый король

Слава тебе, безысходная боль!
Умер вчера сероглазый король.

Вечер осенний был душен и ал,
Муж мой, вернувшись, спокойно сказал:

«Знаешь, с охоты его принесли,
Тело у старого дуба нашли.

Жаль королеву. Такой молодой!..
За ночь одну она стала седой».

Трубку свою на камине нашёл
И на работу ночную ушёл.

Дочку мою я сейчас разбужу,
В серые глазки ее погляжу.

А за окном шелестят тополя:
«Нет на земле твоего короля...»

11 декабря 1910
Царкое Село

Grey-eyed king

Inconsolable anguish, I hail your sting!
Yesterday died the grey-eyed king.

The autumn evening was stifling and red,
My husband returned and casually said:

"Back from the hunt, with his body they walked,
They found him lying beside the old oak.

I pity the queen. So young! Passed away!...
In the span of a night, her hair became grey."

He found his pipe and wandered outside,
And went off to work, like he did every night.

My daughter's asleep. I'll bid her to rise,
Only to gaze at her grey-colored eyes.

Outside the window, the poplars unnerved,
Whisper: "Your king is no more on this earth…"

December 11, 1910
Tsarskoe Selo

Рыбак

Руки голы выше локтя,
А глаза синей, чем лёд.
Едкий, душный запах дегтя,
Как загар, тебе идёт.

И всегда, всегда распахнут
Ворот куртки голубой,
И рыбачки только ахнут,
Закрасневшись пред тобой.

Даже девочка, что ходит
В город продавать камсу,
Как потерянная бродит
Вечерами на мысу.

Щеки бедны, руки слабы,
Истомленный взор глубок,
Ноги ей щекочут крабы,
Выползая на песок.

Но она уже не ловит
Их протянутой рукой.
Все сильней биенье крови
В теле, раненном тоской.

1911

Fisherman

Bare arms, eyes intent,
Icy-blue, they pull you in
Like a tan, the pungent scent
Of the tar befits your skin.

Your collar's opened wide,
Your jacket shimmers blue.
The fisherwomen sigh
And blush on seeing you.

Even the girl who sells
Anchovies, mouth agape,
Strays stupefied as well,
Each evening on the cape.

Her frail arms - collapsed,
Her gaze is deep and spent,
She's tickled by the crabs
That crawl out on the sand.

She doesn't chase away
These crabs like she did prior
And blood beats more each day
She's wounded by desire.

1911

Он любил...

Он любил три вещи на свете:
За вечерней пенье, белых павлинов
И стертые карты Америки.
Не любил, когда плачут дети,
Не любил чая с малиной
И женской истерики
...А я была его женой.

9 ноября 1910
Киев

He loved…

He loved three things in this world:
Evensong, peacocks of white,
And old tattered maps of America.
He despised it when little kids bawled,
Hated tea with preserves, and disliked
Women acting hysterical.
… And I was his wife.

November 9, 1910
Kiev

***

Сегодня мне письма не принесли:
Забыл он написать или уехал;
Весна как трель серебряного смеха,
Качаются в заливе корабли.
Сегодня мне письма не принесли...

Он был со мной еще совсем недавно,
Такой влюбленный, ласковый и мой,
Но это было белою зимой,
Теперь весна, и грусть весны отравна,
Он был со мной еще совсем недавно...

Я слышу: легкий трепетный смычок,
Как от предсмертной боли, бьется, бьется,
И страшно мне, что сердце разорвется,
Не допишу я этих нежных строк...

1912

***

No letter came for me today:
Did he forget or go away thereafter;
The spring is like a trill of silver laughter,
The boats are bobbing in the bay.
No letter came for me today…

He was with me not very long ago,
So much in love, so gentle and all mine,
But that was still the white of wintertime,
Now spring is here, with poison in its woe,
He was with me not very long ago…

I hear: the fiddle bow is trembling and light,
It beats, it beats as if from deathly ache,
And I'm afraid now that my heart will break
And leave unfinished tender lines I write…

1912

Надпись на неоконченном портрете

О, не вздыхайте обо мне,
Печаль преступна и напрасна,
Я здесь, на сером полотне,
Возникла странно и неясно.

Взлетевших рук излом больной,
В глазах улыбка исступленья,
Я не могла бы стать иной
Пред горьким часом наслажденья.

Он так хотел, он так велел
Словами мертвыми и злыми.
Мой рот тревожно заалел,
И щеки стали снеговыми.

И нет греха в его вине,
Ушел, глядит в глаза другие,
Но ничего не снится мне
В моей предсмертной летаргии.

1911

Inscription on an unfinished portrait

O, do not sigh about me, anxious,
This grief is criminal and vain,
Here on the grayness of the canvas,
I have emerged so strange and vague.

With frenzy smiling in my eyes,
With flailing arms, the pain of fracture,
And I could not be otherwise
Before the bitter hour of rapture.

He wanted this, he ordered this
With words so dead and full of spite.
And crimson worry filled my lips,
And cheeks, like snow, were polished white.

But he is sinless, free of guilt,
He left, he's gazing at new eyes,
But I don't dream a thing, I wilt
In lethargy before demise.

1911

***

Сладок запах синих виноградин…
Дразнит опьяняющая даль.
Голос твой и глух и безотраден.
Никого мне, никого не жаль.

Между ягод сети-паутинки,
Гибких лоз стволы еще тонки,
Облака плывут, как льдинки, льдинки
В ярких водах голубой реки.

Солнце в небе. Солнце ярко светит.
Уходи к волне про боль шептать.
О, она, наверное, ответит,
А быть может, будет целовать.

1910
Киев

***

The smell of dark blue grapes is sweet…
Intoxicating vastness calls.
Your voice is flat and downbeat.
I pity no one, not a soul.

The spiderwebs surround the berries,
Thin are the stems of supple vines,
The river's bright blue water carries
The clouds of white like floes of ice.

The sun is bright. The sun is high.
Go tell the wave your pain's abyss.
She'll likely listen and reply,
And, maybe, even start to kiss.

1910
Kiev

Подражание И. Ф. Анненскому

И с тобой, моей первой причудой,
Я простился. Восток голубел.
Просто молвила: «Я не забуду».
Я не сразу поверил тебе.

Возникают, стираются лица,
Мил сегодня, а завтра далек.
Отчего же на этой странице
Я когда-то загнул уголок?

И всегда открывается книга
В том же месте. И странно тогда:
Все как будто с прощального мига
Не прошли невозвратно года.

О, сказавший, что сердце из камня,
Знал наверно: оно из огня…
Никогда не пойму, ты близка мне
Или только любила меня.

1911

Imitation of I. F. Annensky

And even with you we've parted,
My first fancy. The east grew blue.
"I will never forget you," you uttered.
I could hardly suppose it was true.

Faces emerge and vanish again,
Dear today, but tomorrow - strange.
But what exactly caused me to bend
The corner to mark this page?

And, always, the book is opened
On this place. It's too strange to grasp:
It's as if from our parting moment,
Not a year irretrievably passed.

He who said that a heart is of stone
Surely knew: it's a fiery sea...
I can't tell, were we close all along
Or were you just enamored with me?

1911

***

Вере Ивановой-Шварсалон

Туманом легким парк наполнился,
И вспыхнул на воротах газ.
Мне только взгляд один запомнился
Незнающих, спокойных глаз.

Твоя печаль, для всех неявная,
Мне сразу сделалась близка,
И поняла ты, что отравная
И душная во мне тоска.

Я этот день люблю и праздную,
Приду, как только позовешь.
Меня, и грешную и праздную,
Лишь ты одна не упрекнешь.

1912

***

To Vera Ivanova-Shvarsalon

The park was filled with a light haze,
At the gates flames of gaslights arose,
I remembered only one gaze,
Still unknowing, calm and composed.

And your sorrow, hidden from others,
Drew me close and opened forthright
And you saw just how much I was smothered
By the poisonous yearning inside.

How I treasure and honor that day,
I will come just as soon as you call me.
Though I'm sinful and idling away,
You alone never chide me or scold me.

1912

***

Я живу, как кукушка в часах,
Не завидую птицам в лесах.
Заведут — и кукую.
Знаешь, долю такую
Лишь врагу
Пожелать я могу.

1911

***

I live, like a cuckoo in a clock,
I don't resent the forest flock.
Wind me – and I sing each time.
Such a fate as mine,
You know,
I could only wish my foe.

1911

Похороны

Я места ищу для могилы.
Не знаешь ли, где светлей?
Так холодно в поле. Унылы
У моря груды камней.

А она привыкла к покою
И любит солнечный свет.
Я келью над ней построю,
Как дом наш на много лет.

Между окнами будет дверца,
Лампадку внутри зажжем,
Как будто темное сердце
Алым горит огнем.

Она бредила, знаешь, больная,
Про иной, про небесный край,
Но сказал монах, укоряя:
«Не для вас, не для грешных рай».

И тогда, побелев от боли,
Прошептала: «Уйду с тобой».
Вот одни мы теперь, на воле,
И у ног голубой прибой.

1911

Funeral

I am seeking a gravesite that's bright.
Can you help, I am tired and weary?
Open fields get so cold in the night.
Heaps of stones by the sea are so dreary.

She's so used to the peace she knew prior
And she loves the rays of the sun,
I will build a small hermitage by her,
As our home for the ages to come.

With two windows, a door in-between,
And an icon lamp always alight,
Like a dark heart the icon will gleam
With a scarlet-red fire inside.

She was raving, you know, sick in bed,
Of some heavenly place in the blue,
But a monk, reproaching her, said:
"It was not made for sinners like you."

It was then that she whispered to me,
Turning pale from pain: "Let us go."
Now alone we are wandering free,
With our feet in the blue surf below.

1911

Сад

Он весь сверкает и хрустит,
Обледенелый сад.
Ушедший от меня грустит,
Но нет пути назад.

И солнца бледный тусклый лик —
Лишь круглое окно;
Я тайно знаю, чей двойник
Приник к нему давно.

Здесь мой покой навеки взят
Предчувствием беды,
Сквозь тонкий лед еще сквозят
Вчерашние следы.

Склонился тусклый мертвый лик
К немому сну полей,
И замирает острый крик
Отсталых журавлей.

1911

Garden

The ice has covered up the garden,
It sparkles and it cracks.
The one who left me is disheartened
But there's no coming back.

The sun's now waning face grows dim –
A window and no more;
I clandestinely know whose twin
Caressed it long ago.

All sense of peace is vanquished here
As signs of woe arise
And footprints from last night appear
Out of the thinning ice.

The waning face bows to the ground
Over the sleeping plains
And, in the silent sky, die down
The cries of trailing cranes.

1911

Над водой

Стройный мальчик пастушок,
Видишь, я в бреду.
Помню плащ и посошок,
На свою беду.
Если встану — упаду.
Дудочка поет: ду-ду!

Мы прощались как во сне,
Я сказала: «Жду».
Он, смеясь, ответил мне:
«Встретимся в аду»,
Если встану — упаду.
Дудочка поет: ду-ду!

О глубокая вода
В мельничном пруду,
Не от горя, от стыда
Я к тебе приду.
И без крика упаду,
А вдали звучит: ду-ду.

апрель 1911

Over the water

Shepherd boy, out on the plain,
This craze will not subdue.
As I recall the cloak and cane
My agonies ensue.
If I rise, I'll fall anew.
Little horn plays on: loo-loo!

As in a dream we bade farewell,
I spoke: "I'll wait for you."
"We will meet again in hell,"
And laughing, he withdrew.
If I rise, I'll fall anew.
Little horn plays on: loo-loo!

O deep water, all ablaze,
In the millpond shining blue,
Not from sorrow – from disgrace,
I have come to you.
Silently, I'll fall askew…
Distant horn plays on: loo-loo!

April 1911

***

Три раза пытать приходила.
Я с криком тоски просыпалась
И видела тонкие руки
И темный насмешливый рот.
«Ты с кем на заре целовалась,
Клялась, что погибнешь в разлуке,
И жгучую радость таила,
Рыдая у черных ворот?
Кого ты на смерть проводила,
Тот скоро, о, скоро умрет».
Был голос как крик ястребиный,
Но странно на чей-то похожий.
Все тело мое изгибалось,
Почувствовав смертную дрожь,
И плотная сеть паутины
Упала, окутала ложе…
О, ты не напрасно смеялась,
Моя непрощенная ложь!

1911

***

Three times she tortured me like this.
I awoke with an anguished moan
And saw her thin pale hands
And mouth, scathing and black.
"Who were you kissing at dawn,
As you swore that you'd die if it ends
And hiding your burning bliss,
Sobbed by the gate near the shack?
You walked him to death's abyss,
He will die soon and never come back."
A falcon's cry that rang so tensely,
That voice was strangely like another.
My body was wringing in pain
With a chill that comes as you die,
And the spider web, woven so densely,
Fell down on the bed like a cover...
Oh, you weren't laughing in vain,
My unforgiven merciless lie!

1911

Added to later editions

***

Молюсь оконному лучу -
Он бледен, тонок, прям.
Сегодня я с утра молчу,
А сердце - пополам.
На рукомойнике моем
Позеленела медь.
Но так играет луч на нем,
Что весело глядеть.
Такой невинный и простой
В вечерней тишине,
Но в этой храмине пустой
Он словно праздник золотой
И утешенье мне.

1909

***

To the beam of light I pray –
Straight, and pale, and suspended,
I'm silent since the break of day
And my heart - is all fragmented.
My washstand's copper is all green
And yet the playing light
Makes it a wonder to be seen,
A pleasure to my sight.
It's plain and innocent and bold,
In setting sun's tranquility,
But in this temple, bare and cold,
As though a holiday of gold,
A comfort unto me.

1909

Два Стихотворения

I

Подушка уже горяча
С обеих сторон.
Вот и вторая свеча
Гаснет, и крик ворон
Становится все слышней.
Я эту ночь не спала,
Поздно думать о сне...
Как нестерпимо бела
Штора на белом окне.
Здравствуй!

1909

II

Тот же голос, тот же взгляд,
Те же волосы льняные.
Все как год тому назад.
Сквозь стекло лучи дневные
Известь белых стен пестрят...
Свежих лилий аромат
И слова твои простые.

1909

Two poems

I

The pillow is already hot
On both its sides.
The second candle's at
Its end and ravens' cries
Are now resounding near.
I didn't sleep this night,
Too late for sleep, I fear…
Oh, how unbearably white
Is this curtain here.
Welcome!

1909

II

The same voice and gaze aglow,
That same flaxen hair.
As it was a year ago.
Light-rays streaming through the air
Colors on white walls bestow…
Fragrances of lilies flow
And the simple words you share.

1909

Читая Гамлета

I

У кладбища направо пылил пустырь,
А за ним голубела река.
Ты сказал мне: "Ну что ж, иди в монастырь
Или замуж за дурака..."
Принцы только такое всегда говорят,
Но я эту запомнила речь,-
Пусть струится она сто веков подряд
Горностаевой мантией с плеч.

1909 Киев

II

И как будто по ошибке
Я сказала: "Ты..."
Озарила тень улыбки
Милые черты.
От подобных оговорок
Всякий вспыхнет взор...
Я люблю тебя, как сорок
Ласковых сестёр.

1909

Reading Hamlet

I

The graveyard, wasteland, and the shore,
Where the river shines cool and blue.
You told me: "Get to a nunnery or
Find a fool to marry you…"
That's the sort of thing princes say, I know,
But I'll never forget this one, –
Like an ermine mantle let your words shine and flow
For many years, and on, and on.

1909 Kiev

II

As if by mistake, beguiled,
I used the familiar "You…"
A flashing shadow of a smile
Lit up your face anew.
When one blunders so absurdly,
Gazes will alight…
Still I love you like some forty
Tender sisters might.

1909

***

И когда друг друга проклинали
В страсти, раскаленной добела,
Оба мы еще не понимали,
Как земля для двух людей мала,
И что память яростная мучит,
Пытка сильных - огненный недуг! -
И в ночи бездонной сердце учит
Спрашивать: о, где ушедший друг?
А когда, сквозь волны фимиама,
Хор гремит, ликуя и грозя,
Смотрят в душу строго и упрямо
Те же неизбежные глаза.

1909

***

And cursing each other with brute
Passion, white-hot all through,
Neither one of us understood
How small the earth was for two,
That memory torments with spite,
Afflicting the most strong-hearted,
That one learns to plead in the night:
Where has my friend departed?
And as the choir voices rise,
Happy and menacing, that instant,
The same two stern and certain eyes
Survey the soul, persistent.

1909

Первое возвращение

На землю саван тягостный возложен,
Торжественно гудят колокола,
И снова дух смятен и потревожен
Истомной скукой Царского Села.
Пять лет прошло. Здесь все мертво и немо,
Как будто мира наступил конец.
Как навсегда исчерпанная тема,
В смертельном сне покоится дворец.

1910

First return

A heavy shroud is placed onto the ground,
The bells are droning in a solemn show,
The spirit is again confused and troubled
By weary boredom of the Tsarskoe Selo.
Five years have passed. And all is dumb and dead here,
The world has reached the end, it seems.
The theme exhausted for all time is set here,
The palace rests now in a mortal dream.

1910

***

Я и плакала и каялась,
Хоть бы с неба грянул гром!
Сердце темное измаялось
В нежилом дому твоем.
Боль я знаю нестерпимую,
Стыд обратного пути...
Страшно, страшно к нелюбимому,
Страшно к тихому войти,
А склонюсь к нему нарядная,
Ожерельями звеня;
Только спросит: «Ненаглядная!
Где молилась за меня?»

1911

***

I cried and I even repented,
Let the sky thunder and groan!
My dark heart just couldn't stand it
In your forsaken vacant home.
I know a pain that is unbearable,
The shame of returning stunned...
How frightening it is, how terrible -
To the unloved, to the quiet one.
If I bend down by him, sparkling,
As my necklace jingles free;
He will only ask me: "Darling!
Where was it you prayed for me?"

1911

***

Меня покинул в новолунье
Мой друг любимый. Ну так что ж!
Шутил: «Канатная плясунья!
Как ты до мая доживёшь?»

Ему ответила, как брату,
Я, не ревнуя, не ропща,
Но не заменят мне утрату
Четыре новые плаща.

Пусть страшен путь мой, пусть опасен,
Ещё страшнее путь тоски…
Как мой китайский зонтик красен,
Натерты мелом башмачки!

Оркестр весёлое играет,
И улыбаются уста.
Но сердце знает, сердце знает,
Что ложа пятая пуста!

Ноябрь 1911
Царское Село

***

At the new moon, he walked out,
The friend I loved. I'll be okay!
"Tightrope dancer," He joked loud,
"How will you survive till May?"

As to a brother, I replied then,
Without gripes or jealousy,
But four new cloaks just aren't likely
To replace this loss for me.

Let there be danger where I walk,
The way of grief fills me with dread…
The bottom of my shoes are chalked,
My Chinese parasol shines red!

The orchestra plays gleefully
And lips are smiling with delight
And yet the heart, the heart can see
The fifth lodge is unoccupied!

November 1911,
Tsarskoe Selo

***

Мурка, не ходи, там сыч
На подушке вышит,
Мурка серый, не мурлычь,
Дедушка услышит.
Няня, не горит свеча,
И скребутся мыши.
Я боюсь того сыча,
Для чего он вышит?

1911

***

There's an owl sewn - don't stir -
Onto the pillow near us,
O, gray Moorka, do not purr,
My grandfather will hear us.
Nanny, candles will not burn,
Mice are scratching, fearless,
Why was that owl ever sewn?
I'm scared of his appearance.

1911

Anna Akhmatova (June 23, 1889 - March 5, 1966) is considered by many to be one of the greatest Russian poets of the Silver Age. Although true fame and recognition did not come until her later, "Evening," her first poetry collection, had caught the attention of many prominent literary critics of the time and helped to solidify her career as a writer. One of the forefront leaders of the Acmeism movement, which focused on rigorous form and directness of words, she was a master of conveying raw emotion in her portrayals of everyday situations. Her works range from short lyric love poetry to longer, more complex cycles, such as Requiem, a tragic depiction of the Stalinist terror. During the time of heavy censorship and persecution, her poetry gave voice to the Russian people. To this day, she remains one of Russia's most beloved poets and has left a lasting impression on generations of poets that came after her.

Printed in Great Britain
by Amazon